गाँधी को फाँसी दो

(नाटक)

गिरिराज किशोर

राजपाल

नोट–कृपया नाटक के लिए मंचन अथवा किसी भी प्रकार के उपयोग हेतु अनुमति अवश्य लें।

प्रथम संस्करण : 2009, द्वितीय आवृत्ति : 2011

ISBN : 978-81-7028-806-0
GANDHI KO PHANSI DO (Play) by Giriraj Kishore

राजपाल एण्ड सन्ज़, कश्मीरी गेट, दिल्ली-110 006

website : www.rajpalpublishing.com
e-mail : mail@rajpalpublishing.com

हिंद स्वराज
की शताब्दी को
समर्पित

प्राक्कथन

'गाँधी को फाँसी दो' मेरा सातवाँ सम्पूर्ण नाटक है।

इस शीर्षक से गलतफहमी सम्भव है। दरअसल यह एक नारा है जो गोरे लोगों ने उस समय लगाया था जब गाँधी अपने परिवार को लेकर पहली बार डरबन पहुँचे थे। उस समय दो जहाज साथ थे। एक में भारतीय कामगार काम की तलाश में गए थे। दूसरे में गाँधी परिवार और सामान्य यात्री थे। उन्हें बंदरगाह पर कई दिन तक किसी-न-किसी बहाने से उतरने नहीं दिया गया था। दक्षिण अफ्रीका में भारतीय मजदूरों पर होने वाली ज्यादतियों और गोरी सरकार की दमनात्मक नीतियों के सन्दर्भ में गाँधी की एक चौपतिया, 'ग्रीन पेपर' नाम से भारत में छप चुकी थी। उसके बारे में अंग्रेज़ी प्रेस ने प्रचार किया था कि अंग्रेज़ों को भारत में बदनाम करने के लिए गाँधी ने वह 'ग्रीन पेपर' छपवाकर अपने देश में बँटवाया है। उस समय जब वे मि. लाटन के कहने पर जहाज से बाहर निकले तो गोरी जनता ने उन्हें घेरकर आक्रमण किया था। मि. लाटन जान बचाकर भाग गए थे। उनकी जान वहाँ के पुलिस कप्तान श्री अलेक्जेंडर की पत्नी 'सारा' ने अपने छाते को उनके सामने अड़ाकर बचाई थी।

यह नाटक दक्षिण अफ्रीका में गाँधी के जीवन की कई घटनाओं पर आधारित है। खासतौर से जब वे लंदन से हारे सिपाही की तरह जहाज से लौट रहे थे तो भारतीयों की हालत से आन्दोलित होकर उन्होंने पाश्चात्य सभ्यता तकनीकी आदि से त्रस्त 1909 में हिन्द स्वराज गुजराती में लिखा था। उस समय की उनकी मनोदशा को भी इस नाटक में प्रस्तुत किया गया है। गाँधी ने अपने आपको दो हिस्सों में बाँट लिया था। उन्हीं की प्रतिच्छाया प्रतिपक्ष का दायित्व निबाह रही थी। हर सवाल पर उन्हें कटघरे में खड़ा करती थी। उन्हें उसके हर सवाल का जवाब देना होता था। आज राजनीति दूसरी है। प्रतिपक्ष हाँ में हाँ न मिलाए तो उसे भी उसका भुगतान करना पड़ता है।

इस नाटक का अंत दो तरह से किया जा सकता है। दोनों सम्भावनाएँ इसमें दी गई हैं। यह निर्देशक के ऊपर निर्भर करेगा।

इसका सम्बन्ध हिन्द स्वराज की रचना प्रक्रिया से भी है इसलिए भी इस नाटक को हिन्द स्वराज की शतवार्षिकी पर प्रकाशित करने का साहस कर रहा हूँ। इसके लिए मैं सबसे पहले भानुभारतीजी का आभारी हूँ कि उन्होंने लिखने के लिए उत्साहित किया, भले ही वे किन्हीं कारणों से इसका मंचन नहीं कर पाए हों। दूसरे 'राजपाल एण्ड सन्ज़ का आभारी हूँ जो इस ज़माने में इस नाटक को प्रकाशित करने पर रज़ामंद हुए जिसमें गाँधी परिवार की विसंगति न होकर अंतर्द्वंद्व अधिक है।

–गिरिराज किशोर

11/210 सूटरगंज, कानपुर-208 001

पात्र-परिचय

गाँधी	मेडिकल अफसर (मे. अ.)
स्मट्स (जनरल)	कैदी
हाजी हबीब	दूसरा कैदी
बोथा	तीसरा कैदी
टॉल्सटाय	कल्याण (गाँधी का क्लर्क)
गाँधी की प्रतिच्छाया*	मानिक (गाँधी का क्लर्क)
जनता	एक मरीज़
मैकेंज़ी	दूसरा मरीज़
लाटन	तीसरा मरीज़
सारा (महिला चरित्र)	नर्स
एस्काम्ब	डॉ. गाडफ्रे
कछलिया	पोलक
मीर आलम	कैलनबाख
कस्तूर	ऐंड्रूज एवं पियरसन

* 'हिन्द स्वराज' में गाँधी संपादक है जो उनका दूसरा पक्ष पाठक (प्रतिच्छाया) है।

सीन-1

(बैक ड्राप–जनरल बोथा और जनरल स्मट्स एक सुइट में, एक बड़े सोफे के दो कोनों पर यूनिफ़ार्म में, पैर आगे की तरफ़ फैलाए बैठे हैं। सामने दो कुर्सियों पर गाँधी, हाजी हबीब और एक ऊँची कुर्सी पर लार्ड ऐम्टहिल बैठे हैं। गाँधी विलायती पोशाक में हैं। हाजी हबीब अरबी पोशाक पहने हैं।)

स्मट्स : *लुक हियर मि. गाँधी, यू बोथ हैव कम टू प्रेस योर प्वाइंट बिफ़ोर ब्रिटिश गवर्मेंट आफ़्टर ट्रेवलिंग सच ए लांग डिस्टेन्स। वी मे एग्री टू योर फ़िंयू डिमांड्स। इट इज़ नॉट एटाल पॉसिबल टु विड्रॉ इमीग्रेशन रेजिस्ट्रेशन एक्ट एटसेट्रा। वी आलसो केन नॉट ओवर लुक लॉर्ड हेम्टहिल्स रिकमेण्डेशन्स हैन्स दीज़ कनशेन्स... ।*

(स्मट्स ने जनरल बोथा की तरफ देखा उन्होंने गर्दन हिला दी।)

ऐम्टहिल : (गाँधी और हबीब की तरफ देखते हुए) *आप दोनों जनरल के प्रस्तावों के बारे में क्या सोचते हैं?*

हबीब : *मैं तैयार हूँ लार्ड एम्टहिल।*

(गाँधी ने हाजी हबीब की बात अंग्रेज़ी में अनुवाद की।)

एम्टहिल : *मैं भी समझता हूँ कि जनरल स्मट्स और जनरल बोथा का आफ़र हमें मान लेना चाहिए। सैद्धांतिक स्तर पर अपनी लड़ाई जारी रखी जा सकती है।*

(गाँधी के हाव-भाव से लग रहा था कि उन्हें प्रस्ताव मंजूर नहीं।)

हबीब : *ब्रिटिश इंडिया एसोसिएशन भारतीयों का सबसे बड़ा एसोसिएशन है। मैं उसका नुमाइन्दा हूँ। वही सबसे मजबूत और रिच एसोसिएशन भी है। जनरल बोथा की बात मुझे वाजिब लगती है। बक़ौल लार्ड एम्टहिल दूसरे मसाइल को लेकर हम अपनी लड़ाई लड़ते रह सकते हैं।*

(गाँधी अभी तक खामोश और संजीदा थे। उन्हें लगा अब बोलना ज़रूरी हो गया।)

गाँधी : *इसमें कोई शक नहीं कि हबीब साहब भारतीयों के सबसे बड़े और धनी वर्ग का प्रतिनिधित्व करते हैं। जहाँ तक मेरा सवाल है मैं तो ग़रीब, बेसहारा और बेज़बान मज़दूरों की आवाज़ बनकर आया हूँ। उनके पास न पैसा है और न ताक़त। बस एक ही बात है वे मरते मर जाएँगे पर अपनी मुहिम पर डटे रहेंगे। उनकी लड़ाई सुविधा और सुरक्षा*

की लड़ाई नहीं। अपनी अस्मिता और अस्तित्व की लड़ाई है। हम लोग जनरल बोथा की दमनात्मक शक्ति को भी समझते हैं। लेकिन इनकी ताक़त से डरने की जगह अपनी क़सम को तरजीह देना पसंद करते हैं।

(गाँधी की बात समझने के साथ-साथ जनरल बोथा और जनरल स्मट्स के चेहरे तनावग्रस्त हो गए। हाजी हबीब दूसरी तरफ़ देखने लगे। एम्टहिल गाँधी की तरफ़ एकटक देख रहे थे। गाँधी ने अपनी बात जारी रखी)

वे लोग इसीलिए मुसीबतें उठाते रहे हैं और अब वे पीछे नहीं हटेंगे। जनरल इन छोटी-छोटी रियायतों से न उनके पेट भर सकते हैं और न उनकी अस्मिता की रक्षा हो सकती है। उनके आँसू भी नहीं पुछेंगे। अगर हाजी साहब समझते हैं कि वे इन रियायतों से उन मज़लूमों के जख्मों पर मरहम लगा सकते हैं तो यह उनकी ख़ामख्याली है। वे और गहरे हो जाएँगे।

(गाँधी पूरी तरह शान्त थे। एम्टहिल गाँधी के कंधे पर हाथ रखकर बोले)

एम्टहिल : *मि. गाँधी, अगर तुम्हारा और तुम्हारे लोगों का इतना पक्का इरादा है तो मैं तुम्हारे रास्ते में नहीं आऊँगा। मैं बधाई देता हूँ क्योंकि तुम्हारा उद्देश्य भी सच्चा है और तुम्हारी लड़ाई के औज़ार भी*

सच्चे हैं। जनरल, आपने गाँधी का मत जान लिया। मैं समझता हूँ गाँधी का जज़्बा अपने लोगों को उनकी कठिनाइयों से पूरी तरह मुक्ति दिलाने वाले इन्सान का है। आप इस पर भी ग़ौर कीजिएगा।
(जनरल बोथा पहली बार बोले)

बोथा : *लार्ड एम्टहिल, हम आपका सम्मान करते हैं। हमारी ज़िम्मेदारी अपनी कम्युनिटी के प्रति भी है। हम इन गंदे लोगों के लिए उनको निराश नहीं कर सकते। वी रूल, नाट दे...*(रुक कर) *वी विड्रॉ...।*
(दोनों जनरल फ़ौजी अंदाज़ में उठकर चल दिए। जाते हुए उन्होंने सिर्फ़ लार्ड एम्टहिल से हाथ मिलाया। बाक़ी दोनों की तरफ़ देखा तक नहीं। वे दोनों एम्टहिल को उनके वाहन तक छोड़ने गए। एम्टहिल ने बिना कुछ कहे गाँधी की पीठ थपथपाई। उनके चले जाने के बाद कुछ देर तक गाँधी और हाजीजी के बीच चुप्पी की डोर तनी रही। गाँधी ने ही शुरुआत की)

गाँधी : *हाजी साहब, मैं जानता हूँ आपको मेरी बात नागवार गुज़री होगी। लेकिन असलियत से वाकिफ़ कराना ज़रूरी था। हमारे सामने दक्षिण अफ्रीका के लोग ही नहीं हैं हिन्दुस्तान के हालात भी हैं। अपने मुल्क में लोगों के द्वारा लड़ी जा रही आज़ादी की लड़ाईको हम नज़रअंदाज़ नहीं कर सकते। भले ही हम आसमान में परवाज़ भरें, रिश्ता तो जमीन से ही रहेगा।*

हबीब : *एक गहरी धुंध है। हम वहाँ जाकर क्या जवाब देंगे? क्या इसीलिए हमें भेजा गया था?*

गाँधी : *सफ़लता पर नज़र रहना ज़रूरी है लेकिन असफलता स्वीकार कर लेना शर्म की बात नहीं। वह अगली लड़ाई की तरफ़ इशारा भी करती है। हमारी लड़ाई अपनी तरह की अलग है। यदि हम हार को दोनों हाथ फैलाकर स्वीकार नहीं कर सकते तो जीत को संशयविहीन होकर कैसे स्वीकार करेंगे?*

हबीब : *मेरा और आपका नज़रिया अलग है। वे ताक़तवर हैं, हाकिम हैं, हम शर्तें रखने की हालत में नहीं हैं।*

गाँधी : *हो सकता है आज न हों पर कल हो सकते हैं।*

हबीब : *ख़ैर, उस बात पर आज क्या सोचना। जब होगा तब देखा जाएगा। हमारे लोगों का हौंसला गिरेगा। कुछ लेकर जाते तो उनकी हिम्मत बुलंद होती।*

गाँधी : *पाना उतनी हिम्मत नहीं देता जितना पाने के लिए की जाने वाली जद्दोजहद...!*

(हाजी हबीब ने कोई जवाब नहीं दिया। उठते हुए बोले)

अब यहाँ क्या रखा है। कूच की तैयारी करनी चाहिए।

गाँधी : *आप ऐसा न सोचिए। यह आखिरी मुहिम नहीं है। ईश्वर ने चाहा तो जल्दी हम किसी नतीजे पर पहुँचेंगे।*

(दोनों बाहर आ गए। बाहर भले ही खुलापन था लेकिन सन्नाटे का अहसास दोनों के साथ चल रहा था।)

सीन-2

(गाँधी डेक पर, हबीब कैबिन में। किल्डोनन जहाज, जिस पर वे दोनों लंदन चार महीने रहकर लौट रहे हैं, शान्त भाव से समुद्र में तैर रहा है। हबीब साहब की बातें रह-रहकर गाँधी के कानों में गूँज रही हैं। उन्हें पार्टी द्वारा भेजा गया था कि दोनों लन्दन जाकर दक्षिण अफ्रीका के भारतीयों के बारे में गोरी सरकार और वहाँ की गोरी जनता को बताएँ कि वे कैसे जी रहे हैं, जनरल स्मट्स नए-नए क़ानून बनाकर किस तरह कहर ढा रहा है।

गाँधी भाई टहलते-टहलते रुक जाते हैं। कुर्सी पर बैठ जाते हैं। धीरे-धीरे आँखें बंद कर लेते हैं। लगता है जैसे समाधि में हों। एकाएक आँखें खुलती हैं। उनमें चकित होने का-सा भाव है। टॉल्सटाय की छवि उभरती है। वे चौंकते हैं। मुँह से बोल नहीं निकलता।)

टॉल्सटाय : *अगर स्वयं बुराई में हिस्सा न लें तो आपको संसार में कोई गुलाम नहीं बना सकता...*

गाँधी : *आप...?*

टॉल्सटाय : *मैंने तुम्हारे पत्र के उत्तर में 'एक हिन्दू के नाम पत्र' लिखा था...तुम्हें याद है?*

(हबीब बाहर निकलकर आते हैं। टॉल्सटाय ओझल हो जाते हैं।)

हबीब : *गाँधी भाई अभी तक तुमने कपड़े भी नहीं बदले, क्या सोच रहे हो?*

गाँधी : *अपने अंदर उठने वाले सवालों से जूझ रहा हूँ।*

हबीब : *जो होना था हो गया। ज्यादा सोचकर क्या करेंगे।*

गाँधी : *एक झंझावात यहाँ है। दूसरा हिन्दुस्तान में चल रहा है। ये सब सवाल नुकीले तीरों की तरह मेरी तरफ़ आ रहे हैं। दरअसल गुलाम देश का हर बाशिंदा अपने में एक सवाल होता है। उसे ही कभी-न-कभी जवाब भी बनना पड़ता है। कोई भी सत्यान्वेषी इन दोनों स्थितियों से बच नहीं सकता। जब सवाल जन्म लेना बन्द कर देते हैं तो न सच बचता है और न सपने...*

(हबीब साहब गर्दन हिलाते लौट जाते हैं। टॉल्सटाय का चेहरा फिर उभरता है।)

टॉल्सटाय : *हिन्दू! एक तिजारती कम्पनी ने तुम्हारे मुल्क के बीस करोड़ लोगों को गुलाम बना लिया, वे लड़ाके नहीं थे, बाहर से आये थे...थके-माँदे ,बीमार और अनजान। ये बीस करोड़ अपनी धरती पर थे। पहलवान, शक्तिशाली, बुद्धिमान, बलिष्ठ और*

आज़ाद...यह कैसे और क्यों हुआ? इस बात से क्या यह पता नहीं चलता कि हिन्दुस्तानियों को उन लोगों ने गुलाम नहीं बनाया, वे खुद गुलाम बने। वे अपने से हार चुके थे। क्या तुम भी हार गए?

(गाँधी चकित भाव से देखते रहते हैं)

टॉल्सटाय : क्या सोच रहे हो? मेरा सवाल अपने से भी है? हम कब हारते हैं? जब हारना चाहते हैं। तुमने वार एण्ड पीस पढ़ा है। वही हारे जो हिंसा की भौतिक शक्ति के सहारे हार-जीत में विश्वास करते थे। मैं सिपाही रह चुका हूँ, मैं युद्ध के खोखलेपन को जानता हूँ। सच न इतिहास के पास है और न विज्ञान के पास। उसे हमें अपने अन्दर खोजना पड़ता है। मैं जानता हूँ तुम दो पाटों के बीच फँसे हो। एक शासकों द्वारा लाई गई आधुनिक सभ्यता है। बाहर से आने वाला हर हमलावर अपनी सभ्यता साथ लाता है। दूसरा पाट तुम्हारे अपने सरोकार और विरासत में मिले मूल्य हैं। अंतर्विरोध के इस जंगल से निकलकर ही मैं भी यहाँ पहुँचा हूँ। तुम भी अपना रास्ता बनाओ।

गाँधी : आप मेरे गुरु हैं। आपके पत्र ने मुझे एक नई दृष्टि दी है।

(टॉल्सटाय मुस्कुराते हैं।)

टॉल्सटाय : मुझे नहीं मालूम यह अच्छी बात है या नहीं, मैंने सुना

है तुम लोग हर किसी को गुरु बना लेते हो। क्या यह अपनी ज़िम्मेदारी से बचना नहीं? हम लोग भी अपने पास्टर का कहा खुदा का हुक्म मानते हैं। अपने अंदर के हुक्म को नज़र अंदाज़ कर देते हैं। वह भी खुदा का हुक्म होता है। मैं जानता हूँ तुम्हारे मन में दुनिया को बदलने के लिए विचारों का तूफ़ान उठ रहा है। जब मेरे अंदर ऐसा होता था तो मैं अपने ऊपर निर्भर न करके काग़ज़ क़लम की मदद लेता था। इन दोनों से बड़ा दोस्त दूसरा कोई नहीं। तुम चाहो तो तुम भी उन्हें अपना दोस्त बनाकर इस संकट से उबरने में उनकी मदद ले सकते हो।

(टॉल्सटाय अन्तर्धान हो गए। गाँधी किंकर्त्तव्यविमूढ़ से अपने-आपसे बात करने लगते हैं।)

गाँधी : (स्वतः) *यह कैसे हो सकता है? टॉल्सटाय यहाँ कैसे आ सकते हैं? यह मेरा अपना सोच है। मैं अपने अन्दर उठ रहे विचारों को सँभाल नहीं पा रहा था इसलिए शायद मैंने टॉल्सटाय जैसे बड़े लेखक की कल्पना कर डाली। मैं इस तूफ़ान से बचने के लिए रास्ता खोज रहा था। एक हिन्दू को लिखा पत्र मेरे अन्दर पैवस्त है। उसी में यह महान् व्यक्ति भी कहीं मौजूद है...।*

(गाँधी कैबिन में लौट पड़े। हाजी साहब गहरी नींद में थे। हल्की-हल्की नाक बज रही थी। सब कुछ

शान्त था। सिर्फ जहाज़ के चलने और समुद्र की टूटती-बनती लहरों की मिली-जुली आवाज़ आ रही थी। गाँधी ने इधर-उधर देखा। कुर्सी-मेज़ अनछुई सी पड़ी थीं। वे कुछ देर कुर्सी का सिरहाना पकड़ खड़े रहे। रोशनी थी। धीरे-धीरे डरते से बैठे। काग़ज़ रखे थे उन्हें उल्टा-पल्टा। क़लम खोला, बंद किया। बुदबुदाए)

सवाल ही सवाल हैं। मैं बँट गया हूँ। जो सवाल पूछ रहा है वह जवाब नहीं जानता और जो जानता है वह सोचता है सवाल कुछ नहीं केवल जवाब हैं। जिसके पास जवाब है उसे सवाल की ज़रूरत नहीं है।

(उन्हें लगा उनके अंदर से कोई बाहर आया। कुछ-कुछ उनके जैसा ही। पर धुँधलके के चादर में लिपटा हुआ। उसे गाँधी की प्रतिच्छाया कहा जा सकता है) तुम कौन?

प्रतिच्छाया : *मैं, तुम! तुम्हें रात-दिन पढ़ता हूँ। तुमसे जिरह करता हूँ। तुम्हें तुम्हारी ही झुँझलाहट में उलझा देखकर अच्छा लगता है। मेरे पास बहुत-से सवाल हैं। तुम्हारे पास जवाब हैं या नहीं, नहीं जानता। तुम मुझे कितना संतुष्ट कर पाओगे यह तुम भी नहीं जानते होंगे।*

(गाँधी उठकर टहलने लगते हैं।)

गाँधी : *आख़िर तुम कौन हो? मैं तुम्हें नहीं जानता।*

प्रतिच्छाया : *तुम जानते हो, पहचानते नहीं। कई बार हम अपने अंदर छिपे अपने आपको गरीब पाहुन की तरह नहीं पहचान पाते या पहचानना नहीं चाहते क्योंकि हम उसे मूर्ख या अपने से कमतर मानकर एक कोने में बैठा देते हैं। लेकिन मैं उनमें से नहीं, मैं जिज्ञासु हूँ। तुम्हारे अन्तर्मन का पाठक हूँ। मुझे तुमसे उसी तरह बहुत कुछ पूछना है जैसे एक शिष्य अपने अध्यापक से अर्थ पूछता है, समीकरण समझता है। हर सवाल उसके अस्तित्व का हिस्सा होता है।*

गाँधी : *इस समय मैं कुछ न सुनना चाहता हूँ और न कहना चाहता हूँ। मेरे अपने ही सवाल इतने हैं कि वे सब गुत्थियों की तरह उलझे हुए हैं।*

प्रतिच्छाया : *हो सकता है वे सब सवाल मेरे ही हों जिन्हें तुम अपने समझ रहे हो।*

गाँधी : *उफ़...तुम क्या कहना चाहते हो, बोलो।*
(प्रतिच्छाया की हँसी सुनाई पड़ती है।)

प्रतिच्छाया : *अब आए तुम रास्ते पर। मैं अपने सवालों से तुम्हारी सहायता करना चाहता हूँ। वे तुम्हें अपने विचारों को छानने में मदद करेंगे। मैं पूछूँगा तो तुम्हें जवाब देना होगा।*

गाँधी : *मुझे मदद नहीं चाहिए। मैं अपना रास्ता खुद बनाऊँगा।*

प्रतिच्छाया : *मैं भी तो यही चाहता हूँ कि अपना रास्ता स्वयं बनाओ। उस रास्ते तुम और मैं दोनों चलेंगे। हर बड़े आदमी के साथ एक ज़िद्दी बच्चे की तरह उसका 'मैं' रहता है। उसे संतुष्ट करके या उसे अपने में मिलाकर ही वह आगे बढ़ पाता है। बूढ़े बाबा अभी कुछ देर पहले प्रकारान्तर से तुम्हें यही समझा रहे थे। तुम उन्हीं बाबा की तरह आधुनिक सभ्यता को पछाड़ना चाहते हो। तुम अकेले हो, मेरे सिवाय कोई दूसरा साथ नहीं। तुम सीधे चलो या टेढ़े, मुझे तो तुम्हारे साथ ही रहना है। तुम मुझे अपना शिष्य भी मान सकते हो।*

(गाँधी के चेहरे पर परेशानी और आश्चर्य के भाव एक साथ आते हैं)

तुम क्यों नहीं समझते यह नया ज़माना है? मशीन ही इसका प्रतीक है।

पहले उसे स्वीकार करो। तब ही आगे बढ़ पाओगे।

गाँधी : *अच्छा तो तुम मशीन के प्रतिनिधि बनकर आए हो। बताओ क्यों?*

प्रतिच्छाया : *तरक्की घिसटने से नहीं होती। रफ़्तार और तरक्की एक-दूसरे के पर्याय हैं। हम इसीलिए सदियों से गुलामी ओटते चले आ रहे हैं। अंग्रेज़ इसी रफ़्तार के सहारे...आगे बढ़ गए हैं।*

गाँधी : *लगता है वही रफ़्तार तुम्हारी ज़बान में आ गई।*

ज़बान में आई रफ्तार सोच की चाल को अक्सर गड़बड़ाती है। मशीन ज़रूरी है पर किसके लिए? क्या उसके लिए जो मज़दूर है? तुम समझते हो कि मज़दूर या कामगार अपनी मेहनत का स्वयं मालिक है? मूलतः उस मेहनत का मालिक वही है जिसने उसे खरीदा है यानी जिसकी मशीन या सम्पत्ति के लिए वह काम करता है। वह अपनी बेशकीमती मेहनत के साथ न कोई प्रयोग कर सकता है न उसे अपने और अपने परिवार के लिए बिना मालिक की इजाज़त के उपयोग में ला सकता है।

प्रतिच्छाया : (विरोधी स्वर में)

आप यह कैसे कह सकते हैं? काम के घंटे निर्धारित हैं। उसके बाद वह आज़ाद है। कुछ भी कर सकता है। बच्चों के साथ रहे, घूमे-फिरे...भले ही उस समय में अपना कोई काम करे।

गाँधी : *तुम ऐसा सोचते हो? मज़दूर और मालिक के बीच एक अलिखित अनुबन्ध होता है। उसके तहत मालिक उसे छूट देता है। वैसे तो वह चौबीस घंटे का नौकर है। उसी अलिखित अनुबन्ध के तहत बच्चों की देख-भाल करने की इजाज़त देता है। उस दौरान वह वे सब काम नहीं करे जो मालिक के लिए करता है और जिनमें वह माहिर है। तुम कहते हो वह आज़ाद है?*

प्रतिच्छाया : *आर्थिक रूप से...*

गाँधी : *जब मशीन नहीं थी तब आदमी क्या था? मैं उस कामगार की बात कर रहा हूँ जो मशीन पर काम नहीं करता या नहीं कर सकता था। उसके पास अपनी मेहनत थी, कला थी। मशीन आई तो आदमी का क़द छोटा हुआ है। उसकी आत्म-निर्भरता घटी है, पर-निर्भरता बढ़ी है। परनिर्भरता क्या इन्सान को आज़ादी दे सकती है?*

प्रतिच्छाया : *मशीन देती है। उसके सहारे मनुष्य अधिक दूरी को कम समय में पूरी कर सकता है। साइकिल उसको वक्त की गुलामी से आज़ाद करती है। सिलाई की मशीन कपड़े जल्दी सी सकती है। चेन पुली भारी-से-भारी वज़न आसानी से उठा सकती है। ये सब मशीनी साधन मनुष्य के काम को क्या आसान नहीं करते? मशीन को अपना शत्रु कैसे कहेंगे?*

गाँधी : *बिलकुल ठीक। अगर तुम इन साधनों को मशीन कहते हो तो मैं इन्हें मनुष्य की सहायता के लिए मनुष्य द्वारा ईजाद किए गए संसाधन मानता हूँ। ज़रूरत पड़ने पर काम को आसान बनाने के रास्ते वह आज से नहीं आदि काल से खोजता रहा है। लेकिन आज मशीन पूँजी बन गई। वह उस मनुष्य को, जो अपनी मेहनत और हुनर का मालिक था,*

वेतनपायी बना रही है। काम की आज़ादी छीन रही है। मनुष्य और मनुष्य के बीच असमानता लाने का स्थायी माध्यम बन रही है। रिश्ते बिगाड़ रही है। काम करने की दक्षता और स्वाभिमान की हीनता को पराधीनता में बदल रही है। आज वे गोरे जो जीवन-निर्वाह के लिए पूरब की तरफ़ देखते थे अब मशीन के दम पर हम सबके आक़ा हैं। मशीन आदमी का विकल्प बन गया है। न जाने इन मशीनों ने कितने कलाकारों को जान देने के लिए मजबूर किया होगा। इस परनिर्भरता को आत्मनिर्भरता का नाम दे दिया गया है। परनिर्भरता गुलामी का प्रतीक है। यह कैसी विडंबना है।

प्रतिच्छाया : क्या यह प्रतिक्रांति नहीं है? क्या नए युग का उदय नहीं हो रहा?

गाँधी : निश्चित हो रहा है। पहले दस्यु होते थे। वे ज़ोर ज़बरदस्ती लोगों से उनका धन और अधिकार छीनते थे। मशीन कुम्हार से उसका चाक छीन रही है। बुनकर से उसकी खड्डी छीन रही है, लुहार से उसकी धौंकनी...। बढ़ई से उसका बिसौला छिन रहा है। सब कुछ परिवर्तन, विकास और आधुनिकता के नाम पर। गाँवों में लाखों लोग बिना काम के हो गए। शहरों में भी मशीनी दबाव कारीगरों को तोड़े दे रहा है। चरखे की जगह कपड़े के कारखाने खड़े हो रहे

हैं। इसमें आदमी कहीं नहीं है। है तो कहीं हाशिए पर...मशीन के ज़ेरे साए। उसे तुम आदमी के रूप में पहचान सकते हो? एक ज़माना था आदमी अपने वातावरण और पर्यावरण से संघर्ष करके आज़ाद होता गया था। उसी की ईजाद मशीनें, गोरे काले और अमीर गरीब जैसी दूरियों के सहारे उस पर ऐसी दासता लाद रही हैं जिसे वह अपनी तथाकथित आर्थिक आज़ादी और आधुनिकता के नाम पर स्वीकार करने के लिए मज़बूर है।

(एकाएक अँधेरा हो जाता है। दूर पर कुरलैंड और नादरी दो जहाज़, खड़े दिखाई पड़ रहे हैं। बन्दरगाह पर सैकड़ों गोरे टोये-टोये नाच रहे हैं, नारे लगा रहे हैं। जहाज़ों से रह-रहकर चिल्लाने की आवाज़ें आ रही हैं...)

आवाज़ें : *हमें बाहर आने दो, हमें हवा पानी चाहिए।*

नारे : *सड़े गले कुलियों को लौटा दो।*
गाँधी को भगाओ।
गाँधी को किनारे लाओ।
उसके मुँह पर थुकवाओ।
खट्टे सेब से लटकाओ।
हिन्द महासागर में डुबाओ।

एक आवाज़ : *वह जहाज़ में चूहा बना बैठा है।*
गन्दे चूहे को बाहर निकालो।

कई आवाज़ें : *जलाकर मार डालो।*

गाँधी को फाँसी दो।

(दंगाइयों के नेता गोरे मैंकेंज़ी की आवाज़ सुनाई पड़ती है।)

मैंकेंज़ी : *गाँधी अपने काले खूसट लोगों की सेवा करता है, हम गोरे उसकी सेवा करेंगे!*

सब एक साथ: *करेंगे, ज़रूर करेंगे। थके गाँधी की थकान उतारेंगे। गर्द झाड़ेंगे। उसे नया नकोर बनाकर सड़कों पर दौड़ा देंगे।* (सब हँसते हैं)

(टोये-टोये करते नजर आते हैं। उधर अँधेरा हो जाता है। मंच के दूसरी तरफ गाँधी और दादा अब्दुल्ला का वकील लाटन खड़े बात कर रहे हैं।)

लाटन : *मैं अब्दुल्ला एण्ड कम्पनी का वकील मि. लाटन।*

गाँधी : *मैं आपको जानता हूँ। आप हम हिन्दुस्तानियों के दोस्त हैं। वेलकम...*

(गाँधी बढ़कर हाथ मिलाते हैं)

लाटन : *मैं आपको और आपके परिवार को लेने आया हूँ। आपके बच्चों को गाड़ी रुस्तमजी पारसी के घर ले जाएगी। हम और आप पैदल चलेंगे।*

गाँधी : *मि. एस्काम्ब अटार्नी जनरल ने कहलाया था कि गोरा समुदाय बहुत उत्तेजित है। आपकी जान को ख़तरा है। इसलिए आप सूरज छिपने पर उतरें। पोर्ट सुपरिण्टेण्डेण्ट मि. टोटन अपनी देखरेख में आपको जहाँ कहेंगे पहुँचाकर आएँगे।*

लाटन : *आप एस्काम्ब की बात मानने के लिए बाध्य नहीं।*

कम्पनी का वकील मैं हूँ। मैं नहीं चाहता आप जैसा निर्भीक इन्सान शहर में एक चोर की तरह दाख़िल हो। आपको कोई चोट पहुँचाने की हिम्मत नहीं कर सकता। वैसे भी मैं आपके साथ हूँ। शहर भी अब शान्त है। आपको डर तो नहीं लग रहा?

गाँधी : *क्या आपको ऐसा लग रहा है? अगर ऐसा है तो मुझे दिल से डर निकालना होगा। डर के साथ न जिया जा सकता है न मरा जा सकता है। चलिए।*

लाटन : *मैं बच्चों को गाड़ी से भेजकर आता हूँ। उनको कोई नहीं पहचानता। गाड़ी का कोचवान भी गोरा है। फिर हम नाव से काटेज क्रीज़ पर उतरेंगे। वहाँ पूरी तरह शान्ति है।*

गाँधी : (हँसकर) *आप तो साथ हैं ही, क्यों?*

(लाटन के चले जाने के बाद कुछ देर शान्ति रहती है। गाँधी बुदबुदाते हैं।)

(स्वतः) आदमी की ऐसी जाति है कि अगर वह जीने पर आ जाए तो निडर होकर कहीं भी जी लेता है। न चाहे तो परम सुरक्षा के बीच भी डरकर मर जाता है।

(लाटन और गाँधी नाव से उतरकर किनारे चल रहे हैं। एकाएक शोर मचता है।)

शोर : *दौड़ो दौड़ो...गाँधी शहर में दाख़िल हो गया।*

(लाटन घबरा जाता है। रिक्शा रोकता है। गाँधी मना करते हैं। लोगों को टिड्डी दल की तरह आते

देखकर लाटन भाग खड़ा होता है। गाँधी घिर जाते हैं। गोरे उन पर टूट पड़ते हैं। घूँसे, लात, अंडे, टमाटर उन पर पड़ने लगते हैं। वे चुपचाप पिटते रहते हैं। लोग उन्हें पिटता देखते रहते हैं। वे एक रेलिंग पर लटक जाते हैं। बीच-बीच में उठकर चलने की कोशिश करते हैं। लोग चिल्ला रहे हैं—गाँधी दगाबाज़ है। इस नाली के कीड़े को कुचल डालो।

एकाएक एक गोरी महिला, पुलिस कप्तान की पत्नी सारा झपटती हुई आती है और ज़ख्मी गाँधी के सामने अपना छाता खोलकर खड़ी हो जाती है। एक बार को सब कुछ ठहर जाता है। फिर एकाएक आवाज़ आती है)

आवाज़ : *छाता बन्द करो। गाँधी हमारा शिकार है।*

सारा : *मि. गाँधी पर हमला बन्द करो। वह हमारा मेहमान है।*

(भीड़ सहमी-सी खड़ी थी। लेकिन बीच-बीच में एक-आध हाथ गाँधी पर उचटता-सा पड़ जाता था। जगह-जगह खून निकल रहा था। एकाएक एस पी एलक्जेंडर के भेजे सिपाही आकर एस पी की पत्नी सारा और रक्तरंजित गाँधी को घेरे में ले लेते हैं। लेकर जाने लगते हैं तो भीड़ चिल्लाने लगती है—गाँधी को हमें दो, गाँधी गद्‌दार है, गाँधी का जीना पाप है)

सीन-3

(एटार्नी जनरल एस्काम्ब का चेंबर। गाँधी के हाथ व माथे पर पट्टी बँधी है, वे प्रवेश करते हैं। एस्काम्ब गर्मजोशी से उनका स्वागत करते हैं। हाथ पकड़कर अपने पास बैठाते हैं)

एस्काम्ब : *मि. गाँधी, आपको खरोंच लग जाना भी हमारे लिए शर्म की बात है। मि. लाटन की बात मानकर आपको इतनी ज़हमत उठानी पड़ी।*

(गाँधी मुस्कराते रहते हैं)

गाँधी : *खरोंच कहाँ लगी, ये तो ज़ख्म हैं। परेशान न हों। यह मेरा अपना फैसला था। लाटन साहब का तो सुझाव था। आपके और उनके सुझाव में से एक पर मुझे अमल करना था। अच्छा ही है मुझे आपके लोगों की ताक़त और अपनी बर्दाश्त का अन्दाज़ हो गया। ऐसे मुक़ाम तो आते ही रहेंगे। आप बिल्कुल फ़िक्र न करें। मुझे आदत है।*

(एस्काम्ब मिमियाते हुए से बोले)

एस्काम्ब : *आपसे निवेदन है अगर आप आक्रमणकारियों को पहचानने में मेरी मदद करें तो मैं उन लोगों को सख़्त से सख़्त सज़ा दिला सकता हूँ। लार्ड चेंबरलेन भी यही चाहते हैं। वे इस घटना से बहुत नाराज़ और दुखी हैं।*

गाँधी : *दुखी होने की क्या बात है। हुकूमत हुकूमत है। अगर ब्रिटिश साम्राज्य के गृहमंत्री एक आदमी के साथ होने वाली दुर्घटना को लेकर दुखी और नाराज होंगे तो हुकूमत की ताक़त और अनुशासन पर उसका गलत असर पड़ सकता है।*

एस्काम्ब : *आप गलत समझ रहे हैं। हमें इस तरह के गर्दिशमन्दों को सबक सिखाना होगा। उसके लिए आपकी मदद ज़रूरी है।*

गाँधी : *शुक्रिया! मेरे साथी भी मुझसे कह रहे हैं। हमलावरों के खिलाफ़ नामज़द रिपोर्ट होना ज़रूरी है। मैं हँस देता हूँ इसमें ऐसा क्या ज़रूरी है। मैं अधिकतर लोगों को जानता हूँ। आप भी जानते हैं। लेकिन किसी को भी अकारण सज़ा दिलाने में मेरी कोई दिलचस्पी नहीं। मैं उन्हें ज़िम्मेदार ही नहीं मानता। वे तो मशीन हैं। मशीन होना मानसिकता भी है। जैसे चालक चलाएगा वैसे चलेगी। गुनाहगार को सज़ा मिलेगी नहीं। बेगुनाह को सज़ा दिलाकर मैं*

भी गुनाहगार बन जाऊँगा। बदले की भावना और मज़बूत होगी। मि. चेंबरलेन भी यह नहीं चाहेंगे। जब कभी सच्चाई समझेंगे तो वे सब शायद अपने व्यवहार के लिए शर्मसार हों।

(एटार्नी जनरल अवाक् से गाँधी के चेहरे को देख रहे थे। काफ़ी देर बाद उन्होंने ही चुप्पी तोड़ी)

एस्काम्ब : *मि. गाँधी, क्या आप मुझे यह लिखकर दे सकते हैं? मुझे भी ऊपर जवाब देना है। आप चाहें तो मि. लाटन से सलाह कर लें। वैसे मैं यह कह सकता हूँ कि आपके उन लोगों को माफ़ कर देने से हमें शान्ति बहाल करने में आसानी होगी और आपकी प्रतिष्ठा भी बढ़ेगी। आपका व्यवहार उन्हें अपनी ग़लती पर सोचने के लिए मजबूर करेगा।*

गाँधी : *मि. एस्काम्ब, मुझे किसी की सलाह की ज़रूरत नहीं। मैंने यहाँ आने से पहले ही सोच लिया था कि मैं किसी हमलावर को सज़ा नहीं दिलवाऊँगा। वे तो सौंपा हुआ काम पूरा कर रहे थे। ख़ैर, मेरे लिखकर देने से आपको अपने ऊपर वालों को जवाब देने में आसानी होगी तो मैं लिखकर दिए देता हूँ।*

(गाँधी लिखकर देते हैं और उठकर खड़े हो जाते हैं)

अच्छा इजाज़त दीजिए, अब चलता हूँ। आपका काम हो गया।

सीन-4

(प्रतिच्छाया गाँधी के सामने फिर मौजूद है। गाँधी उसी डेस्क पर बैठे लिख रहे हैं। उनका दायाँ हाथ थक गया। वे अँगुलियाँ चटकाकर इधर-उधर देखते हैं और बाएँ हाथ से लिखने लगते हैं। प्रतिच्छाया को देखकर चौंक जाते हैं)

गाँधी : *तुम!*

प्रतिच्छाया : *आपको इतना आश्चर्य क्यों हो रहा है? मैं तो आपके साथ हूँ। आप यह लगातार क्या लिख रहे हैं? कभी दाएँ हाथ कभी बाएँ हाथ से।*

गाँधी : *तुम नहीं जानते?*

प्रतिच्छाया : *सब जानता हूँ पर समझता नहीं। पर आप जहाज़ पर क्यों लिख रहे हैं? लौटकर भी तो लिख सकते हैं। ऐसा इसमें क्या है?*

गाँधी : *मेरे ज़ख्म।*

प्रतिच्छाया : *कहाँ हैं, मुझे तो नहीं दिखाई देते।*

गाँधी : *(हँसते हैं) तुम मेरे साथ रहने का दावा करते हो लेकिन ज़ख्म नहीं देख सकते। मैं तो समझ रहा था, सब नहीं तो उनमें से कुछ तुम्हें भी लगे होंगे। तुम लगता है तमाशबीन मात्र हो।*

प्रतिच्छाया : *आप ज़ख्म खाकर भी हँस रहे हैं। इतने दिन कुरलैंड और नादरी जहाज़ को दंगाइयों ने सरकार की मिलीभगत से बंदरगाह पर रोके रखा था और उसके बाद इतने लोगों ने आप पर हमला किया। अगर वह मेम न आई होती तो सब कुछ ख़त्म था। एस्काम्ब के कहने पर आपने उन लोगों का नाम नहीं लिया जिन्होंने आपको लहूलुहान किया था। आपके लिए वे सब बेगुनाह थे। फिर ज़ख्म कैसे?*

गाँधी : *क्या ये सब बातें इसी समय करनी ज़रूरी हैं?*

प्रतिच्छाया : *परेशानी मुझे भी होती है। मैं संवेदना की तरह ही संवेदनशील हूँ। आप तर्क पर जीते हैं।*

गाँधी : (मुस्कराकर) *ये सब बड़ी-बड़ी बातें तुम्हें इसी समय क्यों याद आ रही हैं।*

प्रतिच्छाया : *उस समय भी आप इतने विचलित नहीं हुए थे। लंदन की असफलता आपको इतना परेशान क्यों कर रही है?*

गाँधी : *देखो मित्र, सिर्फ़ वाक़या एक नहीं होता। सब घटनाएँ इकट्ठी होते-होते इतनी वज़नी हो जाती हैं कि जब इन्सान उनका तप्सरा अपने आप से*

करते-करते थक जाता है तो उसे अभिव्यक्ति देना ज़रूरी हो जाता है। दक्षिण अफ्रीका का दबाव मैं अपने ऊपर ले सकता था, तुम जानते हो मैं ले भी रहा था। लंदन में हिन्द स्वराज की कल्पना आहत हुई है। तुमने देखा यह जो नई पीढ़ी देश की आज़ादी के नाम पर यहाँ आत्मनिर्वासित जीवन गुज़ार रही है वह दक्षिण अफ्रीका के भारतीयों से अलग सोच रखती है। वहाँ की आधुनिकता को, जो हिंसक है हिन्दुस्तान को आज़ादी दिलाने का माध्यम बनाना चाहती है।

प्रतिच्छाया : *यानी?*

गाँधी : *वे अपनी आज़ादी की लड़ाई को ग्रेट ब्रिटेन, इटली और जापान की तर्ज़ पर ले जाना चाहते हैं। दक्षिण अफ्रीका के भारतीय अनपढ़ हैं लेकिन उनकी सोच अलग है और देसी है। इन नौजवानों की विदेशी शिक्षा उन्हें हिंसक क्रांति के रास्ते पर ले जा रही है। स्वराज का मतलब यह नहीं। स्वराज का मतलब है पहले अपने अंदर की आज़ादी। अपने ऊपर अपना राज, अपनों का राज। उनके हथियार, उनकी सोच, उनका दर्शन प्रकारान्तर से हमारे दिलों पर उनका राज्य और उसमें उनकी हिस्सेदारी ही बढ़ाएगा।*

प्रतिच्छाया : *हम टापू में नहीं रहते और न किसी बियाबान में रहते हैं।*

गाँधी : *तुम ठीक कहते हो। हम हवा के लिए खिड़कियाँ खोल सकते हैं पर क्या दरवाज़े खोलकर झंझावात को भी आने दें? तुम, बाबा यानी टॉल्सटाय की बात कर रहे थे। वे यही मानते हैं कि अहिंसा नैतिक चेतना का स्वाभाविक रास्ता है। स्वराज यानी अपने ऊपर अपना अनुशासन, यह अहिंसा और सच्चाई के ज़रिए ही सम्भव है। राष्ट्रीयता के नाम पर देश की आज़ादी के लिए हिंसा को तरजीह देने का मतलब अपनी आज़ादी के सपने को क्षत-विक्षत कर देना। आधुनिक सभ्यता हिंसा का दर्शन है।*
(एकाएक महसूस होने लगा जहाज़ हिल रहा है। लहरें बेकाबू हो रही हैं। हाजी हबीब भी सोते-सोते उठ बैठे)

हबीब : *क्या हुआ, क्या हुआ...?*

गाँधी : *कुछ नहीं, समुद्र शैतानी कर रहा है। सोते हुओं को जगा रहा है।*
(हँसकर) चिंता की बात नहीं है। क़ुदरत कभी-कभी मसख़री भी करती है। ऐसा करके वह हमारे दिलों से डर निकालती है। आप देख रहे हैं क़ुदरत के सब अपने ही हथियार हैं–
गरज है, इस बेशुमार पानी को लहरों में बदलकर उत्पात करना है, जलचरों का नर्तन है।
जब लंदन पढ़ने गया था तो देखा था लोग पानी

में सिक्का फेंकते थे और बच्चे जान की बाज़ी लगाकर कूद पड़ते थे। समुद्र एक बुजुर्ग की तरह उन्हें ले जाने देता था। कभी जब मछली या कोई जलचर सिक्का चट कर जाता था तो उन्हें निराश लौटना पड़ता था। आधुनिक यानी विलायती सभ्यता ही वह जलचर है जो हमारा सिक्का बार-बार निगल जाती है।

हबीब : मैं समझ नहीं पा रहा हूँ आप क्या कह रहे हैं। आपको नहीं लगता तूफ़ान है। आपको नहीं लगता सब कुछ ग़ारत हो जाएगा। पता नहीं आप किस मिट्टी के बने हैं?

गाँधी : मिट्टी हम दोनों की एक ही है। समुद्र का तूफ़ान हमें तूफ़ान लगता है। ज़मीन पर तो हम निरन्तर तूफ़ानों में जीते हैं। वह हमें तूफ़ान नहीं लगता। हो सकता है जलचरों को समुद्री तूफ़ान उत्सव लगता हो। अगर होगा भी तो जलचर उसका अपने हथियारों से ही सामना करेंगे। लेकिन एक वायदा कर सकता हूँ हम दोनों का कुछ नहीं होगा। ऊपर वाले ने हमें अपने काम से भेजा है। हमें कुछ हो गया तो उसका काम कौन करेगा।

हबीब : आप यह क्या कर रहे हैं? (आश्चर्य से)—आपने अभी तक कपड़े भी नहीं बदले?

गाँधी : *अपने अन्दर उठ रहे तूफ़ानों का सामना कर रहा हूँ। आते तो हैं जाते नहीं।*

(धीरे-धीरे समुद्र की गर्जन और उठा-पटक कम होने लगती है। हँसकर...)

आपने देखा कितनी जल्दी शान्त हो गया। जैसे खेल रहा हो। लेकिन हमारी ज़मीन पर तो यह शान्त ही नहीं होता। हम इतने डर जाते हैं कि उसका सामना करने के लिए तरह-तरह के उपकरण ढूँढ़ते हैं। भले ही उधार लेने पड़ें। पता नहीं वे कितने कारगर साबित होते हैं। अब आप सो जाइए। समुद्र की तरफ़ से मैं आपसे माफ़ी माँगता हूँ।

हबीब : *और आप?*

गाँधी : *मेरा तो जंग जारी है। सोच के स्तर पर भी और शब्दों के द्वारा भी।*

(फिर लिखने लगते हैं। धीरे-धीरे शांति हो जाती है। नीम अँधेरा फैलने लगता है। गाँधी पर रोशनी पड़ रही है। गाँधी कहीं दूर देख रहे हैं। वे एकाएक बेचैन हो उठते हैं। एक सीन उभरता है)

सीन-5

(मस्जिद का प्रांगण। एक बड़ा-सा अँगीठा बीचोंबीच जल रहा है। कोयला चटक जाता है। चटखता है तो चिंगारी निकलती है। लोग आते जा रहे हैं। हिन्दू, मुसलमान, गिरमिटिए, बाबू, व्यवसायी हर वर्ग के लोगों से धीरे-धीरे मैदान भर जाता है। एकाएक एक स्वयंसेवक दौड़ता हुआ आया। उसके हाथ में तार है। सब लोग उधर देखते हैं। आवाज़ आती है)

आवाज़ : *लगता है सरकार ने हमारी शर्त मान ली।*

दूसरी आवाज़ : *जनरल स्मट्स कह चुका है हिन्दुस्तानी चूहों की यह मजाल कि हमें चुनौती दें...*

स्वयंसेवक : *तार हवा में हिलाकर चिल्लाता है—सरकार ने माँग नामंजूर कर दी।*

(कुछ लोग खुशी से नाच उठे—होली जलेगी, जलकर रहेगी। अँगीठी में और कोयले भर दिए जाते हैं। उनके चटकने की आवाज़ आती है। एसोसिएशन के सदर कछलिया साहब खड़े होते हैं)

कछलिया : *सरकार अपने क़रार से पीछे हट गई। आप जानते हैं कि मि. गाँधी से स्मट्स ने वायदा किया था अगर हिन्दुस्तानी अपनी मर्ज़ी से रजिस्ट्रेशन करा लेंगे तो वे एशियाटिक एक्ट वापस ले लेंगे। जब गाँधी भाई ने तसफ़िए की बात हम सबको बताई थी तो मीर आलम ने उन पर 15 हज़ार पौंड लेकर क़ौम से गद्दारी करने की तोहमत लगाई थी। उन पर जानलेवा हमला किया था। सरकार के मुक़र जाने पर गाँधी भाई का फ़ैसला है कि अब उस माहदे का कोई मतलब नहीं रहा। इन सरकारी सनतों को जला देना ही बेहतर है। इन सनतों को जलाना कोई जुर्म नहीं और न यह सज़ा का हक़दार ही बनाता है। यह उस काले क़ानून और झूठ का विरोध है। जुर्म तब होगा जब वे देखने के लिए माँगेंगे। लेकिन हम सज़ा के लिए तैयार हैं। एक बात बता देना ज़रूरी है कि यह लड़ाई एक-दो दिन की नहीं, लम्बी है। जो इसके लिए तैयार हों वही आगे आएँ। आप ठंडे दिल से सोचकर फ़ैसला करें। हमारे कुछ साथी हमारी इस जुझारू टुकड़ी से बाहर हो गए हैं। बचे हुए लोगों पर ही इस लड़ाई को आगे बढ़ाने की ज़िम्मेदारी है।*

सब एक साथ—हमें सर्टिफ़िकेट नहीं आज़ादी चाहिए। इज़्ज़त की ज़िन्दगी चाहिए।

(गाँधी भाई उठे। उन्होंने बुलन्द आवाज़ में पूछा)

गाँधी : *कछलिया साहब के इस प्रस्ताव के ख़िलाफ़ किसी को कुछ कहना हो तो बेख़ौफ़ कह सकता है। सर्टिफ़िकेट को आग के सुपुर्द किए जाने के बाद भी अगर कोई भाई चाहे तो वह दोबारा डुप्लीकेट भी बनवा सकता है। लेकिन बेहतर है कि अभी फ़ैसला कर लें। बाद में बदलने से हो सकता मुश्किलें दरपेश आएँ। अन्दर-बाहर दोनों जगह।*

(कुछ देर सब लोग ख़ामोश रहकर एक-दूसरे की तरफ़ दबी नज़र देखते रहे शायद कोई कुछ कहे। मीर आलम जिसने गाँधी पर हमला किया था और स्मट्स से मिलकर धोखा देने का आरोप लगाया था उठकर खड़ा हो गया)

गाँधी : *मीर आलम भाई, आपको कुछ कहना है?*

मीर आलम : *मैं गाँधी भाई का क़सूरवार हूँ। मैंने ही उस रात भरी सभा में उन पर स्मट्स से पन्द्रह हज़ार पौंड लेकर अपने क़ौल से फिर जाने और कौम से ग़द्दारी करने का आरोप लगाया था। बाद में मैंने ही हमला करके उन्हें ज़ख़्मी किया था।*

(लोग चकित थे मीर आलम इतना कैसे बदल गया। उसकी आवाज़ भरभरा रही थी। वह बिना बोले गाँधी की तरफ़ बढ़ा। कई लोग उसे पकड़ने के लिए दौड़े। गाँधी ने हाथ के इशारे से रोक दिया। मीर आलम ने उनकी तरफ़ सर्टिफ़िकेट बढ़ा दिया। कुछ देर तक उसकी आवाज़ नहीं निकली।)

मीर आलम : *गाँधी भाई, मेरा यह वही सर्टिफ़िकेट है जो मुझे उस समय मिला था जब मुल्क छोड़कर मैं यहाँ आया था। मैंने और मेरे साथियों ने उँगलियों के निशान नहीं दिए थे। मैं अब इसे भी नहीं रखना चाहता। मैं आपके साथ रहने का हक़ खो चुका हूँ। अपने मुल्क वापस चला जाऊँगा।*

(गाँधी भाई ने उसके दोनों हाथ अपने हाथों में थाम लिए। कुछ देर लोगों की समझ में नहीं आया यह सब क्या हो रहा है। पहले एक ताली बजी फिर माहौल तालियों से गूँज उठा)

(ईसप मियाँ उम्र में सबसे बड़े थे। सर्टिफ़िकेट जलाने की इब्तदा उन्हें ही करनी थी। तब तक पुलिस का जत्था आ गया। वे बढ़े तो पुलिस के एक अफ़सर ने मीटिंग बर्खास्त करने का हुक्म दिया। सिपाहियों ने अपनी पोज़ीशन ले ली। ईसप मियाँ अपना सर्टिफ़िकेट फहराते धीरे-धीरे बढ़ते गए। पुलिस अफ़सर फिर चिल्लाया। उन्होंने उधर ऐसे देखा जैसे कोई सड़क चलता आदमी बेवजह बोल रहा हो। जैसे ही आग में सुपुर्द करने के लिए हाथ बढ़ाया पुलिस अफ़सर ने आगे बढ़कर उन्हें पीछे धकेल दिया। अँगीठा तप रहा था, लपट ज़रा भी नहीं थी। गाँधी भाई लपककर आगे आए। उनके हाथ में कई एक सर्टिफ़िकेट थे।

उन्होंने ईसप मियाँ को सहारा देकर खड़ा

किया। फिर उनका सर्टिफ़िकेट आग में डाल दिया। एक लपट उठी और भक से जल गया। गाँधी भाई ने दूसरा डाला। गोरे अफ़सर ने उनके हाथ पर डंडा मारा। लोग बढ़े, गाँधी ने रोक दिया। उन्होंने ज़मीन पर से उठाकर तीसरा डाल दिया। उनके हाथ से गिरकर सब सर्टिफ़िकेट बिखर गए थे। वे उठाते थे, अँगीठी में डाल देते थे। हर बार गोरे की बेटन उन पर तड़ाक से पड़ती थी। वे सँभलते थे और अपने काम में लग जाते थे। चारों तरफ़ खड़े लोग दर्द से कराह उठते थे। गाँधी ज़मीन में गिर गए फिर भी डालना जारी रहा। कस्तूर की अगवाई में कुछ महिलाएँ बढ़ीं। पुलिस वालों ने उन्हें आगे नहीं बढ़ने दिया। गाँधी अर्ध बेहोशी मेंबुदबुदाए)

गाँधी : *कस्तूर कैसी होगी। बच्चों को देखे कितना वक्त गुज़र गया। हरी बड़ा हो रहा है। बच्चों की पढ़ाई का कोई माक़ूल इन्तज़ाम नहीं हो सका। कस्तूर इसी बात से नाराज़ रहती है। पता नहीं मैं एक सफल पिता और पति बन पाऊँगा या नहीं। शायद समाज को समर्पित लोगों को परिवार नहीं बनाना चाहिए। यह भी हिंसा ही है। दूसरों को दुख देना और स्वयं पाना दोनों इसी श्रेणी में आते हैं। हिंसा के साथ जीना कितनी बड़ी त्रासदी है।—गाँधी भाई ज़िंदाबाद के नारे गूँज उठे। सब सर्टिफ़िकेट जल चुके थे। अँगीठा अकेला धीरे-धीरे बुझ रहा था।*

सीन-6

(एकाएक एक चमक के साथ वही प्रतिच्छाया उपस्थित हो जाती है। गाँधी से मुख़ातिब होती है)

प्रतिच्छाया : *गाँधी भाई आप हिन्द स्वराज लिख रहे हैं या अगले-पिछले वक्तों में शटिंग कर रहे हैं?*

गाँधी : *तुम फिर आ गए! आख़िर तुम क्या चाहते हो? तुम समझते हो विचार सीधी रेखा में चलता है। मेरे भाई, वह अतीत को खँगालता है और भविष्य पर नज़र रखता है।*

प्रतिच्छाया : *लन्दन में आप इतने क्रान्तिकारियों से मिले उनमें से कितने हिन्दू हिन्दुस्तान की बात कर रहे थे। किसी क्रान्तिकारी ने अहिंसा की बात नहीं की और न स्वराज की बात की। इससे क्या यह पता नहीं चलता आपके और उनके बीच कितनी दूरी है। केसरी, मराठा और वन्देमातरम् जो कुछ लिखते हैं वह आपसे मेल नहीं खाता। गणपति उत्सव और*

शिवाजी स्मृति आपकी समन्वित गंगा-जमनी संस्कृति में कहाँ सहायक हैं?

गाँधी : *तुम इस झंझट में क्यों पड़ते हो? वे भी देश की आज़ादी के लिए संघर्ष कर रहे हैं। सबका उद्देश्य एक है, रास्ता अलग है।*

प्रतिच्छाया : *क्या यह दूरी प्रयत्नों और एकजुटता को नहीं बाँटती?*

गाँधी : *हिंसा और अहिंसा में यही फर्क़ है। हिंसा भय और दमन का अहसास कराती है। भय और दमन असुरक्षा के द्योतक हैं। ये दोनों आज़ादी के मित्र कैसे हो सकते हैं? लेकिन जो साथी हिंसा को आज़ादी का रास्ता समझ रहे हैं उनकी नेक-नीयती पर शक करना ग़लत होगा। असहमत हुआ जा सकता है। असहमति आज़ादी का मूल है लेकिन हिंसा नहीं। हिंसा बिन मूल की अमरबेल है। मुझे यही डर है कहीं यह बढ़ते-बढ़ते पूरे देश को अपनी लपेट में न ले ले।*

प्रतिच्छाया : *आपने मेरे सवाल का जवाब गोल कर दिया। मैंने आपसे आपकी गंगा-जमनी संस्कृति के बारे में पूछा था। जो क्रान्तिकारी या नेता हिन्दुओं को ही देश का हितचिन्तक मानते हैं और समझते हैं कि उनके साथ मुसलमानों ने अत्याचार किया, क्या वे ग़लत हैं?*

गाँधी : *मैं तुम्हारी बात का दूसरी तरह उत्तर दूँगा। अत्याचार बर्दाश्त करना क्या उसे बढ़ावा देना नहीं? अगर ऐसा था उन्हें विरोध नहीं करना चाहिए था? तुमने देखा है मैंने दक्षिण अफ्रीका में हर धर्म और वर्ग को साथ लेकर गोरी सरकार के दमनकारी क़ानूनों का विरोध किया है। पिछले साल मस्जिद के हाते में हम सब लोगों ने रजिस्ट्रेशन सर्टिफिकेट जलाए थे। गोरी सरकार को यह अधिकार नहीं था कि वह अपना रिकार्ड जलाने पर हम पर अत्याचार करती, सज़ा देती लेकिन उन्होंने ऐसा किया। हम सब एकजुट होकर, हिन्दुस्तानी होने के नाते ही दमन का सामना कर रहे थे। मैं समझता हूँ कि यह सबकी साझा जंग है। अठारह सौ सत्तावन में भी यही हुआ था। सब एक साथ थे।*

प्रतिच्छाया : *आपका मतलब है कि वे ग़लत हैं, आप सही हैं?*

गाँधी : *मैं अपनी जगह सही हूँ। हो सकता है वे भी ऐसा ही मानते हों। आज से नहीं हज़ारों साल से हिन्दू भी अलग-अलग मान्यताओं और सम्प्रदायों के साथ एक साथ रहते चले आए हैं। दक्षिण अफ्रीका में भी अनेक क़बीले हैं। भारतीय हैं, चीनी हैं, सब साथ रहना सीख रहे हैं। कमियाँ हो सकती हैं, क्या उन्हें दूर नहीं किया जा सकता?*

प्रतिच्छाया : *आप इंडियन ओपिनियन के सम्पादक हैं, मैं पाठक*

मात्र हूँ। लेकिन क्या आप इस बात से इन्कार कर सकते हैं कि यह मुल्क अफ्रीकियों का है, हम बाहर से आए हुए हैं। वह हमारा मुल्क कैसे हो सकता है?

गाँधी : *(हँसते हैं)—तुमने ठीक कहा। लेकिन क्या यह मुल्क गोरों का है? नहीं । पर उन्होंने पहले हम लोगों का शोषण किया। अब हमें इस मुल्क से निकालने के लिए पाँच साला एग्रीमेंट के खिलाफ क़ानून बना रहे हैं जिससे हम अपना हक़ और यह मुल्क छोड़ दें। जिन ग़रीब और ज़रूरतमन्द लोगों को सब्ज़बाग़ दिखाकर अपने मुल्क से बेदख़ल करके लाया गया और जिनकी जड़ें अपनी ज़मीन से कट गईं उनसे यह कहना कि एग्रीमेंट भूल जाओ और अपने घर जाओ यह हिंसा नहीं तो क्या है?*

प्रतिच्छाया : *किस अनुबंध की बात कर रहे हैं। अपने घर जाने के लिए कहना हिंसा कैसे कहा जा सकता है? पाँच साल का अनुबंध पूरा हुआ, अब जाओ अपने घर। इतनी-सी बात में कौन-सी हिंसा हो गई?*

गाँधी : *तुम अपना भी वक्त बरबाद कर रहे हो और मेरा भी। तुम इतने दिन क्या करते रहे? अनुबंध देखा? यह गिरमिटियों की मर्ज़ी पर है वे किराया लेकर वापस लौटना चाहते हैं या उसके ऐवज़ में खेती-बाड़ी के लिए उतने मूल्य की ज़मीन लेकर यहाँ बसना*

चाहते हैं। ये लोग धन्ना सेठ या लम्बे-चौड़े खानदान के सदस्य नहीं थे। उनका वहाँ कौन बैठा है? पीढ़ी-दर-पीढ़ी देखा गया 'अपनी-जमीन' का सपना पूरा होने का दिन आया तो साज़िशन क़ानून बनाकर वे सपना चूर-चूर कर देना चाहते हैं। हिन्दू, मुसलमान, ईसाई सब इसके शिकार होंगे। अठारह सौ सत्तावन में कारतूस के सवाल से निकली चिन्गारी ने क्या हिन्दू मुसलमान सबको साझा लड़ाई के लिए एकजुट नहीं कर दिया था। इन्सान की आज़ादी का सवाल उससे भी बड़ा है।

प्रतिच्छाया : *फिर यह तफ़रका और झगड़े क्यों?*

गाँधी : *हम क्यों नहीं समझते...अगर हिन्दू को न झगड़ना हो तो मुसलमान क्या करेगा, अगर मुसलमान न लड़े तो हिन्दू क्या कर पाएगा। हवा में मुक्का चलाने वाले का हाथ झटका ही खाएगा ना।*

प्रतिच्छाया : *यह तो मैं समझ गया कि लड़ाई दोनों के चाहे बिना नहीं हो सकती। दोनों में समझदारी हो तो लड़ाई रफूचक्कर...।*

(अँधेरा हो जाता है। एक और सीन उभरता है)

सीन-7

(गाँधी सोच रहे हैं)

गाँधी : *(स्वतः) अंग्रेज़ शान्तिप्रिय कौम होकर भी अपने से कमज़ोर के साथ क्यों लड़ रही है। क्या वे बेगुनाह जुलू विद्रोहियों के साथ न्याय करेंगे?*

(वे फ़ौजी यूनिफ़ार्म में हैं। उन्होंने जख़्मी सिपाहियों के लिए एंबुलेंस कोर बनाकर अहिंसात्मक सहयोग देने के लिए नेटाल के गवर्नर को पत्र लिखा था। मंजूरी आने पर कस्तूर से बताया)

गाँधी : *जुलू विद्रोहियों के खिलाफ़ अंग्रेज़ सेना ने आक्रमण किया है। तुम्हें याद होगा छह-सात वर्ष पहले हमने एंग्लो बोअर वार में एंबुलेंस कोर बनाकर यही काम किया था। हमें जाना होगा, इसलिए यह घर छोड़ना होगा। तुम क्या सोचती हो?*

कस्तूरबा : *सोचना-समझना तो तुम कर चुके। यह बताओ हमें क्या करना है?*

गाँधी : *यही रास्ता बचा है पोलक और मिली एक छोटा घर ले लें। तुम लोग फ़िनिक्स आश्रम चले जाओ। वहाँ मगनलाल, वेस्ट आदि हैं तुम्हें कोई तकलीफ़ नहीं होगी।*

कस्तूरबा : *हमारी परेशानी के बारे में तुमने कभी सोचा है...? पता नहीं इन बच्चों की क़िस्मत में क्या लिखा है? पढ़ेंगे न लिखेंगे, सड़कों पर मारे-मारे फिरेंगे।* (गला भर आता है)

गाँधी : *इस बार लौट आऊँ फिर इसी काम में लगूँगा।*

कस्तूरबा : *आज तक जाकर लौटे हो? तुम्हारा रास्ता तो आगे ही जाता है। तुम्हें जहाँ जाना है जाओ। हमें हमारे हाल पर रहने दो।*

(युद्ध का मैदान)

गाँधी : *(स्वतः) शत्रु के बिना यह कैसा युद्ध-स्थल? सब कुछ इकतरफ़ा। बीच-बीच में दूसरी तरफ़ से गोली चल जाती है।*

ज़्यादातर दुश्मन निहत्थे हैं। आख़िर ये इस तरह क्यों मर रहे हैं?

या तो सत्याग्रही बनकर गोली के सामने सीना खोलकर खड़े हो जाएँ या फिर युद्ध धर्म का निर्वाह करें। कायरों की तरह न मरें। मैं जानता हूँ ये कमजोर हैं। इस तरह छुटपुट विरोध करना, विद्रोही ना होते हुए भी उनकी इस आत्मरक्षा को विद्रोह

का रंग दे रहा है। बोअर युद्ध की बात और थी वहाँ शत्रु आमने-सामने थे। सबके पास गोला-बारूद था। यही तय होना था कौन किस पर भारी है। यहाँ ऐसा कुछ नहीं। टैक्स अदा न करने और एक सार्जेण्ट को मारने की इतनी बड़ी सजा! यह कैसा न्याय, कैसी शान्तिप्रियता! हमें भी एक जगह से दूसरी जगह दौड़ाया जा रहा है। हम किसी की लड़ाई का हिस्सा नहीं। गोरे सिपाही न ज़ख़्मी हो रहे हैं, न मर रहे हैं। मरने वाले भी जुलू और ज़ख़्मी होने वाले भी जुलू। यह कैसी विडम्बना!

(गाँधी चीफ़ मेडिकल अफ़सर के पास जाते हैं)

गाँधी : *यह कैसा युद्ध है, दूसरी तरफ़ लड़ने वाला कोई नहीं बस मरने वाले हैं।*

(वह उस बात का जवाब न देकर अपनी बात कहता है। उसकी आवाज़ में दर्द है)

मि. गाँधी, गोरा स्टाफ़, ज़ख़्मी जुलू कैदियों की मरहम-पट्टी करने को तैयार नहीं। उनके ज़ख़्म सड़ रहे हैं। मेरी समझ में नहीं आ रहा मैं क्या करूँ?

गाँधी : *आप हमसे क्या चाहते हैं?*

मेडिकल अफ़सर : *आप लोगों का आना ईश्वर का वरदान है। आप मरहम-पट्टी और दवाएँ ले लें, उनकी जान बचा लें।*

गाँधी : *(स्वतः) यह युद्ध नहीं युद्ध के नाम पर उत्पीड़न है। मार भी रहे हैं और मरहम-पट्टी भी दे रहे हैं। हत्या भी और रहम भी।*

(मेडिकल अफ़सर गाँधी भाई और उनकी टुकड़ी को दूर से दिखाकर चला जाता है। अन्दर से कराहने की आवाज़ें आ रही हैं। न कहीं डॉक्टर है, न नर्स है। गोरे सिपाही जालियों और खिड़कियों से झाँक रहे हैं और सीटियाँ बजा रहे हैं। उन्हें देखकर वे वहीं से इशारा करते हैं। भाग जाओ नहीं तो गोली मार देंगे)

गाँधी : *(अपने साथियों से) अगर इनकी गीदड़-भभकी से बचना चाहते हो तो उधर न देखकर अपने काम में लग जाओ।*

(जैसे ही वे मरहम-पट्टी में लगे, गोरे सिपाहियों की गालियाँ चालू हो गईं)

आवाज़ें : *ब्लडी बास्टर्ड, सन्स आफ़ बिच, ट्रेटर्स।*

(कुछ किचकिचाकर बन्दूक़ें तान रहे थे। उनकी तरफ़ से कोर के लोग पीठ फेर लेते हैं। वे लोग जिसके भी जख़्म खोलते थे चिहुँक उठते। कोर वालों ने बदबू से बचने के लिए मुँह-नाक पर ढाठा बाँधा हुआ है।)

गाँधी : *आपको ये जख़्म कैसे लगे?*

कैदी : *अपने साथियों पर हथियार न उठाने पर जनरल*

ने सौ कोड़ों की सज़ा दी थी। यह कोड़ा आपके सामने पड़ा है। जब ज़ख़्म चीसते हैं तो इस कोड़े को देख लेता हूँ। (हँसकर) चोट तो इसे भी लगी होगी फ़र्क इतना ही है यह कराह नहीं सकता। हम उसके बिना रह नहीं सकते।

गाँधी : *यह बेजान है।*

कैदी : *उनके लिए हम भी बेजान हैं।*

(दूसरे जख़्मी के पास जाकर पूछते हैं)

गाँधी : *तुम्हें क्या गोली लगी है?*

दूसरा कैदी : *हाँ...*

गाँधी : *कैसे लगी? क्या मैदान छोड़कर भाग रहे थे?*

दूसरा कैदी : *नहीं, हम गोरी फ़ौज में थे, सिपाहियों ने दुश्मन समझकर गोली चला दी और यहाँ भेज दिया।*

गाँधी : *तुम तो उनके आदमी हो?*

दूसरा कैदी : *उससे क्या होता है...दुश्मन समझकर गोली मारी तो दुश्मन ही हो गए। फिर कौन फ़र्क करता है।*

मेडिकल अफ़सर : (एक स्त्री को पति को देखने की इजाज़त मिली थी। उसे देखकर शायद वह पहली बार मुस्कराया। उस कैदी ने अपनी भाषा में गाँधी भाई की तरफ़ इशारा करके बताया।)

तीसरा कैदी : *मैं इस देवदूत की वजह से आज ज़िन्दा हूँ। अगर ये लोग न आते तो हमारे ज़ख़्म सड़ गये होते और हम सब एक-एक करके ज़हरबाद के शिकार हो गए होते।*

(उस काली औरत ने गाँधी भाई का हाथ पकड़कर हिलाया, फिर चूम लिया। जो वह बोली उनकी समझ में नहीं आया। उसकी आँखों में अजीब तरह की कृतज्ञता थी। उसे और तो कुछ सूझा नहीं उसने अपने पति का हाथ उनके हाथ में दे दिया। जैसे वह अपनी और उसकी जिन्दगी उन्हें सौंप रही हो)

(अँधेरा होता है। कराहने की आवाज़ मद्धम हो जाती है)

सीन-8

(निमोनिक प्लेग, जिसे काली प्लेग भी कहते थे, जॉहनसबर्ग की सोने की खानों के पास मज़दूर बस्ती में फूट पड़ी थी। बस्ती में गिरमिटिया रहते थे, आसपास नीग्रो रहते थे। खानों के मालिक मज़दूरों को गुलाम समझते थे। सफ़ाई की तरफ़ ध्यान देना उनकी शान के ख़िलाफ़ था। बाईस-तेईस गिरमिटिया प्लेग की चपेट में आ चुके थे। जैसे ही प्लेग फूटी यह सोचकर वे कुली टोले की तरफ़ दौड़ पड़े कि अपने लोगों के बीच मरेंगे तो मिट्टी तो ठिकाने लग जाएगी। गाँधी के साथी मदनजीत को पता चला, उसको और कुछ तो सूझा नहीं उसने एक गोदाम तोड़कर उन तेईस बीमारों को उसमें रख दिया और गाँधी को ख़बर कर दी। मोहन दास ने एक कर्मचारी की साइकिल उठाई और फ़र्राटे के साथ पहुँच गए। उनके पीछे-पीछे ही उनके कर्मचारी कल्याणदास मानकलाल, गुन्चनतरी देसाई आदि वहाँ पहुँच गए)

गाँधी : *कल्याण तुम आ तो गए। तुम शादीशुदा हो, तुम्हारे*

पिता ने तुम्हें मुझे सौंपा है। मैं तय नहीं कर पा रहा हूँ इस काम में तुम्हें लगाऊँ या नहीं।

कल्याण : *आप भी मेरे बापू की तरह हैं। मेरे दूसरे साथियों को भले ही आपको न सौंपा हो पर वे भी मेरी तरह अपने माता-पिता की सन्तान हैं। अगर उनको आप सेवा में लगा सकते हैं तो मुझे क्यों वंचित कर रहे हैं।*

(बाक़ी भी वहाँ मौजूद थे)

गाँधी : *कहने को तुम लोग मेरे क्लर्क हो लेकिन तुम लोगों के त्याग और सेवा-भाव ने तुम्हें मेरा साथी और सहयात्री बना दिया।*

मानिक : *बापू जहाँ आप, वहाँ हम सब...*

(गाँधी की आँखें नम हो गईं लेकिन मरीज़ों की चीख़-पुकार ने उन्हें तत्काल सुखा दिया। डॉ. गॉडफ्रे भी आ गए थे। वह रात बहुत काली थी। मदनजीत, गाँधी और डॉ. गॉडफ्रे रात-भर दौड़ते रहे थे। मरीज़ बुख़ार में तप रहे थे और चिल्ला रहे थे।)

एक मज़दूर : *गाँधी भाई मैं मर रहा हूँ मुझे बचाओ। मेरे बच्चों का क्या होगा?*

(डॉ. गॉडफ्रे दौड़कर जाते, दवा देते। इतने में दूसरा चिल्लाता।)

दूसरा मजूदर : *गाँधी भाई मेरा पेशाब निकला जा रहा है।*

(मानिक या कोई दूसरा बढ़ता तो वे रोक देते)

गाँधी : *मैं जाता हूँ तुम ऊपर का काम देखो।*
(उसे बाल्टी या किसी बर्तन में पेशाब कराते। जब तक लौटकर आते तो तीसरा चिल्लाता)

तीसरा मज़दूर : *गाँधी भाई मेरे कपड़े ख़राब हो गए।*
(उन्होंने मदनजीत की तरफ़ देखा, वह गहरी नींद में सो गया था।)

गाँधी : *बेचारा दो रात का जगा है। आया था किसी और काम से यहाँ, इस संकट में फँस गया। सवेरे घर भेज दूँगा। वहाँ से यह खाट और बिस्तरों का प्रबन्ध कराकर भिजवाएगा। यहाँ ये ज़मीन पर कम्बल बिछाकर लेटे हैं।*
(गॉडफ्रे ने साथ चलने को कहा तो उन्होंने रोक दिया।)

गाँधी : *डॉक्टर आपका दवा विभाग, इन चारों का ऊपर का रख-रखाव और मरीजों को लाना-पहुँचाना, मेरा काम मरीजों की सेवा।*
(किसी तरह राम-राम करके वह काली रात कटी। सवेरे एक क्लर्क और नर्स म्युनिसपेलिटी से आ गए थे। क्लर्क को दवा आदि मुहैय्या करने में लगा दिया गया। नर्स गाँधी भाई के साथ मरीज़ों की देखभाल में लग गई। नर्स थोड़ी देर बाद अपनी पेटी से निकालकर किसी दवा की एक .खुराक गटक लेती थी)

गाँधी : *सिस्टर आप जहाँ तक हो मरीज़ों को न छुएँ। वह काम मुझ पर छोड़ दें।*

नर्स : गाँधी भाई, मेरे पास ब्रांडी है आप थोड़ी सी ले लें। ब्रांडी से छूत नहीं लगेगी।

गाँधी : *थैंक्स सिस्टर, इससे क्या होगा। बचाने वाला तो ईश्वर है। आपकी ब्रांडी को भले ही उसका श्रेय मिल जाए।*

(गाँधी की दाढ़ी के बाल चमक आए थे और चेहरा सूखा-सूखा लगने लगा था। गाँधी ने गॉडफ्रे को अलग बुलाया)

गाँधी : *डॉक्टर मरीज़ों की हालत नाजुक़ है। मुझे नहीं लगता हम उन्हें बचा पाएँगे। अगर आप सहमत हों तो उन तीनों मरीज़ों का इलाज़ मैं करके देखूँ जिन्होंने ब्रांडी लेने से इन्कार कर दिया।*

गॉडफ्रे : *आप क्या इलाज़ करेंगे?*

गाँधी : *प्राकृतिक चिकित्सा। कम-से-कम उन्हें जलन और पीड़ा से राहत ही मिलेगी। अन्त शायद कम तकलीफ़देह हो जाए।*

(गॉडफ्रे कुछ देर सोचते रहे)

गॉडफ्रे : *मि. गाँधी, आपके इलाज के बारे में मैं कुछ नहीं जानता। कहाँ तक साइंटिफ़िक है और कितना सफल होगा फिर भी आप चाहते हैं तो मुझे कोई एतराज़ नहीं। वैसे भी इन लोगों का आपसे बड़ा*

शुभचिन्तक और कौन है?

(गाँधी ने गोदाम में पड़ा पुराना टाट धोया। मिट्टी छानी और टाट-पट्टियों पर गीली मिट्टी फैलाकर उन तीनों मरीज़ों के सीने पर बाँध दी। कम्बल से ढक दिया। गॉडफ्रे ने कानों को हाथ लगाया, कुछ बुदबुदाए। वे पन्द्रह-पन्द्रह मिनट बाद पट्टी बदल रहे थे)

गॉडफ्रे : *(पास आकर धीरे-से) मि. गाँधी गीली मिट्टी की ठंडक बीमारी को ख़तरनाक टर्न दे सकती है।*

गाँधी : *अब मेरे और आपके हाथ में कुछ नहीं। आप भी इलाज कर रहे हैं, मैं भी। तरीक़े अलग हैं। मैंने सब कुछ उस पर छोड़ दिया है। मैं नहीं जानता वह मुझे उनकी मौत का कारण बनाना चाहता है या ज़िन्दगी का।*

(गॉडफ्रे दूसरे मरीज़ों को देखने आगे बढ़ गए। उनके चेहरे पर चिन्ता थी। जो मर गये थे उन्हें गोदाम से हटा दिया गया था। जब कोई मरता था तो सब उसके चारों तरफ़ खड़े होकर प्रार्थना करते थे। फिर सम्मान से बाहर पहुँचा देते थे। वे चारों मिट्टी को उनके सम्बन्धियों को देने की तलाश में जुट जाते थे। आने पर सुपुर्द कर देते थे। गाँधी का भी एक मरीज़ आँखें मूँद गया था। वे कुछ देर चुपचाप उसके बराबर में आँख बन्द

किए खड़े रहे। जब कोई मरता था तो सब सिकुड़कर छोटे हो जाते थे। गाँधी के मुँह से एक ही शब्द निकला—हे राम!)

गॉडफ्रे : *गाँधी भाई, सब मरीज एक-एक करके जा रहे हैं। लगता है कल तक हमारा यह अस्थायी अस्पताल खाली हो जाएगा।*

(गाँधी अपने दो मरीजों की मिट्टी बदल रहे थे। उनके चेहरे पर चेतनता थी। बुखार भी कम हुआ था।)

गाँधी : *डॉक्टर, हम जाने वाले को रोक नहीं सकते। हमारा काम उसको राहत देना, प्रार्थना के भाव से सेवा करना मात्र है। अब ये दो मरीज़ बचे हैं। इनकी देखभाल मैं कर रहा हूँ। आप लोग रात-दिन जाग-जागकर थक गए हैं, आप सब जाकर आराम करें।*

गॉडफ्रे : *नहीं गाँधी भाई, मैं आपके इस चमत्कार का चश्मदीद गवाह बना रहना चाहता हूँ।*

(नर्स की भागदौड़ भी कम हो गई थी)

नर्स : *गाँधी भाई, आप भी बहुत थक गए होंगे। ऐसे में इन्फ़ेक्शन आसानी से पकड़ता है। ब्रांडी बहुत कारगर साबित होती है।*

गाँधी : *सिस्टर तुम्हारी सेवा ही तुम्हारी असली ताक़त है। उसी पर विश्वास रखो।*

(गॉडफ्रे गाँधी के उन दोनों मरीज़ों की जाँच करके लौटे)

गॉडफ्रे : *गाँधी भाई, आपने सिर्फ मिट्टी से इन दोनों मुर्दों में जान फूँक दी। बुखार भी उतर गया, फेफड़ों में भी राहत है। रेतीली नाली से धीरे-धीरे बहकर आने वाले पानी की तरह ज़िन्दगी लौटती मालूम पड़ रही है। आख़िर आपके पास ऐसा क्या है?*

गाँधी : *न मैं डॉक्टर हूँ, न मेरे पास चमत्कार है। बस विश्वास है।*

(कहकर गाँधी मरीज़ों की तरफ़ बढ़े तो देखा वह नर्स जाड़े से थर-थर काँप रही थी। गाँधी ने उसे जाकर सँभाला। शरीर तप रहा था। उन्होंने डॉ. गॉडफ्रे को पुकारा।)

नर्स : *डॉक्टर मुझे प्लेग हो गया। अब मैं नहीं बचूँगी।*

गॉडफ्रे : *नहीं-नहीं, ऐसा क्यों सोचती हो। थकान है, ठीक हो जाएगा।*

(उसने कुछ कहना चाहा तो खाँसी का तूफ़ान-सा फट पड़ा। वह कुछ बड़बड़ा रही थी। गाँधी भाई ने माथे पर हाथ रखा तो उसने आँखें खोलीं। गाँधी ने डॉक्टर की तरफ़ देखा तो उन्होंने गर्दन हिला दी। गाँधी ने हाथ हटाना चाहा तो नर्स ने उनके हाथ पर अपना तपता हाथ रख दिया)

गाँधी : *सिस्टर...*

नर्स : (टूटे-फूटे शब्दों में) गाँधी भाई, मुझे *खुशी है...मुझे आपके साथ...यह पवित्र सेवा-कर्म करने का अवसर मिला। मेरे लिए प्रार्थना करना...जीसस तुम्हारी प्रार्थना जरूर सुनेगा। मेरे घर ख़बर भिजवा देना, मैं सेवा करते गई...गॉड ब्लेस यू।*

(उसकी गर्दन एक तरफ़ को लुढ़क गई। तभी उसकी पेटी से ब्रांडी की बोतल गिरी और टूट गई। बची-खुची ब्रांडी एक छोटा-सा घेरा बनाती हुई फैल गई। डॉ. गॉडफ्रे ने आगे बढ़कर चादर उढ़ा दी। गाँधी के मुख से निकला—राम! गॉडफ्रे ने क्रास बनाया)

सीन-9

(गाँधी, कैलनबाख और पोलक बंदरगाह पर उमतली जहाज़ का इन्तज़ार कर रहे थे। हिन्दुस्तान से दो मेहमान एण्ड्रूज और पियरसन आने वाले थे। गाँधी कुछ गम्भीर थे)

पोलक : *गाँधी भाई, आप क्या सोच रहे हैं?*

गाँधी : *डरबन का बन्दरगाह उस दिन की याद दिला देता है जब मैं पहली बार यहाँ उतरा था। दादा अब्दुल्ला, पारसी रुस्तमजी और मेरा तथाकथित दोस्त मार्सल लेड्रयू जो मुझे सबसे बड़ा विलन मानता था, लेने आए थे। दादा अब्दुल्ला का ख्याल आता है तो सोचता हूँ मुझे विदा करके ही जाते तो मुझे उनकी कमी तो न खलती। कभी-कभी लगता है अभी कहीं से आएँगे और कहेंगे कहो मेरे व्हाइट एलिफ़ेण्ट। जब उन्होंने पहली बार व्हाइट एलिफ़ेण्ट कहा था तो बुरा लगा था।*

(उन्होंने खखारकर गला साफ़ किया)

कैलनबाख : *गाँधी भाई, मैं तो समझता था तुम्हें व्यक्ति से लगाव नहीं, काम से है। आज यह नया पक्ष देखने को मिला। उम्मीद बनती है हमें भी याद रखोगे।*

(तीनों हँस देते हैं।)

यह तो बताओ तुम अपने मेहमानों को पहचानते भी हो?

गाँधी : *अरे हाँ, इस बात का तो मुझे ध्यान नहीं आया। हेनरी पोलक पहचानता होगा।*

पोलक : *नाम से जानता हूँ मिला नहीं। सी. एफ. एण्ड्रूज शान्तिनिकेतन में रहते थे। प्रो. गोखले उनका ज़िक्र किया करते थे।*

गाँधी : *कहीं हम लोग एक-दूसरे को ढूँढ़ते ही न रह जाएँ।*

कैलन : *गाँधी भाई, आप तो सत्याग्रह के परचम की तरह दूर से ही नज़र आते हो। ऐसी अनोखी धजा है किसी की?*

(यात्री उतरना शुरू हो गए थे।)

पोलक : *इतने गोरों में दो गोरों को तलाश करना आसान नहीं है।*

(थोड़े ही समय बाद पोर्ट खाली हो गया। तीन-चार गोरे बचे रह गए। कैलनबाख उनके पास गए)

कैलन : *क्या बता सकते हैं इस जहाज़ से मि. एण्डूज़ और मि. पियरसन नाम के दो व्यक्ति तो नहीं आए?*

(उनमें एक लम्बा-सा अंग्रेज़ तपाक से आगे आया)

एण्ड्रूज़ : *मैं ही एण्ड्रूज़ हूँ। ये मेरे दोस्त पियरसन हैं।*

कैलन : *मैं कैलनबाख, मि. गाँधी का साथी।*

एण्ड्रूज़ : *प्रो गोखले ने आपके बारे में बताया था। मोहन कहाँ हैं?*

(कैलनबाख ने पहली बार गाँधी को मोहन नाम से संबोधित करते सुना था। पहले चौंके फिर हँसकर कहा।)

कैलन : *आपको तलाशने की ज़रूरत नहीं पड़ेगी। अपनी विचित्रता के कारण दूर से पहचान लेंगे।*

(तीनों हँस दिए। तब तक गाँधी और पोलक भी वहाँ पहुँच गए।)

क्या अब भी मि. गाँधी से परिचय कराने की ज़रूरत है।

(फिर एक बार हँसी का फुहारा-सा छूटा)

एण्ड्रूज़ : *बिल्कुल नहीं, उनका व्यक्तित्व तो अपने आप अपनी आभा बिखेर रहा है।*

कैलन : *ये मिस्टर सी. एफ. एण्ड्रूज़ और इनके दोस्त मिस्टर पियरसन।*

एण्ड्रूज़ : *नहीं, सिर्फ चार्ली।*

(एकाएक एण्ड्रूज़ झुके और गाँधी के पैर छू लिए। उनके देखा-देखी पियरसन ने भी छुए। गाँधी की समझ में नहीं आया यह क्या हो गया)

गाँधी : *आप लोगों ने यह क्या किया, मैं इस योग्य बिल्कुल नहीं।*

एण्ड्रूज़ : *मैं आपको मोहन ही कहूँगा...हम दोनों चर्च से जुड़े धर्म प्रधान व्यक्ति हैं। हमारे लिए व्यक्ति के अलावा भी बहुत कुछ हैं।*

गाँधी : *आप गलत समझ रहे हैं। मैं अनेक कमजोरियों से भरपूर एक साधारण आदमी हूँ। ये मेरे साथी और सच्चे कर्मयोगी मि. हेनरी पोलक हैं। कैलनबाख मेरे दोस्त से तो पहले ही मिल चुके।*

एण्ड्रूज़ : *मैं सबको पहले से जानता हूँ। आपने इन सबको अपनी प्रतिच्छाया बनाया है। मैं चाहता हूँ कि मुझे और पियरसन को भी आपका थोड़ा संस्पर्श मिल जाए।*

कैलन : *चार्ली, यह ग़लती मत करना, कभी नहीं लौट पाओगे, जो आया, चिपक गया।*

एण्ड्रूज़ : *कैलनबाख, इतनी सीढ़ियाँ चढ़कर उतरने की ग़लती करने या न करने की गुंजायश ही कहाँ रह जाती है।*
(जहाज़ ने विसिल दी।)

❑❑❑

www.ingramcontent.com/pod-product-compliance
Ingram Content Group UK Ltd.
Pitfield, Milton Keynes, MK11 3LW, UK
UKHW042053201026
15935UKWH00098B/184/J

9 788170 288060